ALDNOAH.ZERO《アルドノア・ゼロ》外伝
LET JUSTICE BE DONE, THOUGH THE HEAVENS FALL.
漫画 佐竹清順
原案 Olympus Knights
3

ALDNOAH.ZERO外伝

LET JUSTICE BE DONE, THOUGH THE HEAVENS FALL.

TWIN GEMINI 3

CONTENTS

リビティナ姉様…
リベルティナ！

はっ
はっ
はっ
はっ
はっ
はっ
はあっ
はぁっ…
……ここは…
ギシ…
お目覚めですか

！
ご体調は如何ですかリビティナ様
…お前は？
ジョヴァンニ様の下僕にございます何なりとお申し付けください
お召し物をお持ちいたしました
この者も地球でスパイを…？
……リベルティナ…
リベルティナはどこに…？

戦死なされました
GEMINI

リベルティナが……
死んだ……？
ALDNOAH.ZERO《アルドノア・ゼロ》外伝
LET JUSTICE BE DONE, THOUGH THE HEAVENS FALL.
TWIN

日本／礼文島
Rebun, Japan
はい
札幌での戦闘敵機爆発後――
アキダリアは左半身を損傷し中破
カッ
その後…

ジョヴァンニ様が人質を盾に機体をトレーラーに積載
カッ
我々諜報員に連絡後
石狩港湾にてこの客船を接収
カッ
北京揚陸城に救援要請を送るべく
廃棄された宇宙センター…
ここ礼文島で一時停泊しております
人質…ね
……
あなたが
…

あなたが
火星騎士…？
…そうよ

どうして札幌を襲ったの…
あなた達が来なければ…
父さんは
父さんは死なずに済んだのに…!!

……思い出したわ
あなた達はあの時ジョヴァンニが取っていた人質…
そしてミカゲソウウンの…
あなたが娘という訳ね
ふ
ふふっ
どうして襲ったか？
おかしなことを聞くわね
戦争だからよ
まさか戦争なんて自分とは関係無いとでも思っていたのかしら？
私の嫌いな種類の人間だわ

…じゃあ
どうして私を2回も助けたの
2回目はあなたの機体だって潰れる寸前だった…
…そう
あなたを助けたのね
……?
それは妹が勝手にしたこと
あなたの父の自爆によって戦死した
私の妹がね

…
妹…
だから何？
ずいっ
勝手に攻めて
勝手に返り討たれ
たんだろ
自業自得
つーやつじゃん
!!
奥泉《おくいずみ》さん!!

騎士に対しての不敬…
次は無いぞ劣等種
ガシャ
……っ!!
島に降りるわ
ジョヴァンニの所へ案内しなさい
ザッ
はっ
…ガッ ガッ ガッ
ゲホッ
げほごほっ
大丈夫？奥泉さん
…ッそ あいつ思い切りど突きやがって
…撃たれなくて良かったよ あんなケンカ腰で…
人のコト言えっかよ
…あたしにカラまれてウジウジしてたクセに
火星人にかみついたりすんじゃん
殴られてざまぁとか思ってってしょ？

思ってないよ

……
あたしが
フェルゼンに捕まらなけりゃ
…あんただけなら
人質になんてされなかったかもしれない
…そしたらあんたの
父親は…
ザ‼
ざしっ

おばあちゃんを守ろうと思って行動したんでしょ
ギッ
そこだけは分かるよ
ギッ
それに殴られるのって痛いし怖いし
…惨めだよね
ざまぁ見ろなんて言ったら
それこそ私はゴミクズだ
ギッ
ギッ
ギッ
ギッ
ぶつん
……え？
ムートンの底に鉄板を入れてあるの
お父さんが
…あんた
何する気？

何も変わらない
やれることをやらなきゃ
ザッ

聞きたいことが山程あるわ
ジョヴァンニ
ねぇ火星人さんっ
コレちょっとユルめてくれない？
黙って座ってろ
プチ
んなコト言わないでよ
他にもいろいろユルめていいからさ

色仕掛けのつもりか？効くと思ってるのか ガキが
…効くか？
…中学生女子誘拐して説得力あると思ってんのかよ
ロリコン星人が

ハァ
ハァ

島に降りて救助を呼ぶ!?
ブリッジは占拠されてるし銃も取られてる
元宇宙センターのこの島から通信が出来るかも
お嬢ちゃん危ないわよ
大人しく救助を待った方がいいわ
札幌の軍を全滅させた火星カタフラクトがここにある以上軍は下手に手を出せません
通信がムリでもせめて情報を集めないと
…分かった
タ タ タ タ タ タ
要はあいつの気を引きゃいーんだな
殴ってる瞬間ってさ
隙の一つじゃない?
敵は6人
内3人が島へ
客室とブリッジに一人
2時間交代
残り一人は個室で休憩
人質はいればいいって感じで
管理に気を使っていない

船の出入口に見張りは置いていない…！
わざと挑発なんて……下手したら…
やれることやんなきゃなんないだろ？
あんたには借りがある

ゴォオオ　オオ…
ギ…ッ

……
二つのアルドノアドライブの内一つが停止しています
アキダリア左肩部外部装甲はKG-7による刺突で損傷していました
爆発の熱と圧力はほぼ遮られることなくコクピットモジュールに到達したと思われます
リベルティナ様のご遺体は
ほとんど残っておりませんでした
残っていたのは…

…これだけです
…あなたは
リベルティナの婚約者である前に我が家門の家臣である筈ね
誰の命でスパイを？
分かっておいでででは？

…そう
やはり
ケテラテッセ伯爵なのね
目的は何？
リベルティナとの婚約も何か目的あってのこと？
……
リベルティナは心からあなたを愛していた
戦場にあなたが割り込んできた時も困惑しながら
最後まであなたを信じていた
あなたはどうなの!?

答えなさい ジョヴァンニ!!
仰る通り私は フェリクス家に仕える 家臣にございます
こうなった以上 リビティナ様を 命を賭して お守り 申し上げるのが 我が使命
先ずは 北京揚陸城と 連絡を取り救援を 求めることこそ 急務
この様な不便な 場での滞在
ご不快とは 存じますが 何卒ご容赦下さい
……
答える気は 無いという訳ね

リビティナ様
ついて来ないで
ここは無人島なのでしょう
護衛はいらない
その内船に戻るわ
!
カッ
カッ
カッ
カッ

カッ
カッ
カッ
……
アキダリアの応急処置を行います 補助を
はっ
やば……!
ザッ

オオォオ
ザアアア
…ア

ビュオオオ
美しい海
本当にどこまでも広がってるのね
ワァ
綺麗で…
力強い…

隙だらけ
……
今なら…
ドクン
ドクン
ドクン
ドクン
ドクン
ドクンッ

ザザザザ

ハアッ
ハアッ
ハアッ
ハアッ
…凄い殺気よ
あなた
ハア
抜け出して尾行してくるとは大胆だこと
流石…ソウウンの娘ね
ハア
ハア

いえ…ハルヤと同じく蛮勇と言うべきかしら
ハルヤは兄妹？
………双子の兄…
ヒュオォオォオオオ
ふ…面白い
あなたも双子なの
………リベルティナが双子の妹？
ジョヴァンニの…婚約者…
聞いていたの
油断も隙も無いわね
殺そうかしら
チキ…

逆恨みといえば
それまでだけど
ソウウンの
娘の血を
弔いとするのも
悪くは無い
ザァァァァァ
バサッ
ミャァー
ミャァー
ミャァー
ミャァー

ミャアー
ミャー
ミャアー
……鳥……
あれは……何と言う鳥？
……海猫だよ
礼文島ではゴメって言ったらしいけど

空までも豊かなのね
この星は…
…隙だらけ
……いや
分からない…
…火星に鳥はいるの？
いる訳無いでしょう？
よしんば放逐したとして
ヴァースの大気は薄く砂嵐が吹き荒れ海も無く餌も無い
無数の命がひしめく地球とは何もかもが違うのよ

ただ…
この空の色は
ヴァースを
思い出させる
火星の
空…？
地球とは逆に
昼は赤味がかり
夕刻には青味がかる
ヴァースの空
塵と砂で
霞み烟《けむ》り
錆びたような
彩りだけれど…
稀に感じる
ことがあるわ

FELIX
目が眩む程に鮮烈で
残酷な程美しい赤を

父ちゃんでも花がキレーとか思う事あんだ！
失礼なヤツだな
まァ普段はそう気にしねーよ
でもそれは…
弥生の…
母さんの葬式の後でな
よく晴れた日だった

まだ1歳前だった
お前らを抱いて家に
帰ろうとしてたが
ふと
よく弥生と散歩してた
公園に寄る気になった
一通り歩いて
感傷に浸り
今度こそ帰るかと
思った時
寝てたはずの
お前らが突然
起きて向こうを
見ていた
それは遅れて
咲いていた
エゾヤマザクラだった

莫迦《ばか》みたいに鮮やかな
心もえぐるような赤は
静かに
葬儀中には出なかった涙を流させた
人は死ぬ
死者は世界の一部になる
だからなのか時折
世界は残酷な程の美しさを放って見える

ザァァ
…気が変わったわ
見なかったことにしてあげるから
船に戻りなさい
パチン
…私の名は
三影《みかげ》弥月《みづき》
あなたは？
聞いていたなら分かっているでしょう？

08

EPISODE.08 / SUBTITLE

“邂逅の二人”

—Heavenly Crimson—

日本／地球連合軍北部司令部
UFE Northern Command, Japan
親父は
弥月は
オレが守る

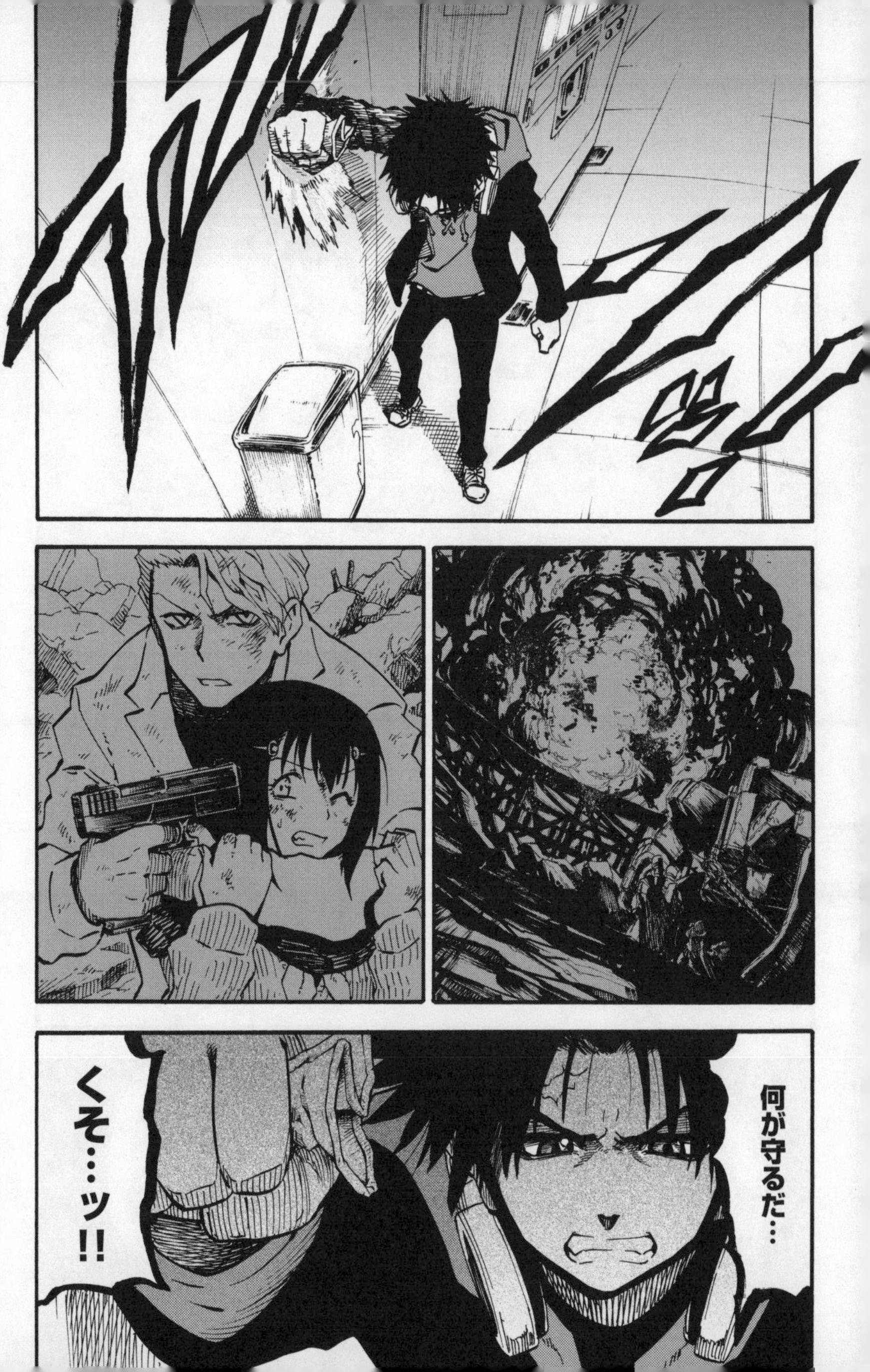
何が守るだ…
くそ…ッ!!

ガシャーン
あぁああ!!
三影さん……
改めて宣戦を布告する
地球を攻撃せよ!
一刻も早く体勢を整えねばならんというのに我が司令部の復旧率は未だ30%
スパイの追跡に割ける戦力など無い!
しかし人質は……!
ラルフ・ハインケル(46)
地球連合軍 大佐

…ハインケル
分かるだろう?
……
ブロロロ…
待機ですか!?
ああ…
上は見ぬフリを
決め込むつもりだ
……
…三影中佐は…
命を賭して
敵を撃退しました
なのに私達は…
攫われた人質も
中佐の娘も救えないと
いうのですか…!!

何と言えばいいんです…
父親を失ったばかりの陽弥君に！
弥月ちゃんは軍の都合で見捨てると…？
言えるワケがない……!!
バタバタ
青坂中尉 遠別駐屯地より予備回線に通信です！
確かか
はい
遠別港にて
脱走した人質からの連絡です

北京です
青坂教官!!
落ち着いて
奥泉さん
順を追って
話して
フェルゼン達は
礼文島で迎えを
呼ぼうとしたけど
上手くいかなかった
らしくて…
北京まで行くのに
港を襲って
補給をしようと
してました
私達は見張りが
手薄になった隙に
暴れて逃げ出して
でも…
止まれ!!
フェルゼンは
人質を乗せて
北京のボスの所
まで行くと…!!

地球人ごときが舐めた真似を!!
!!
逃げて!!
死ねガキ!!

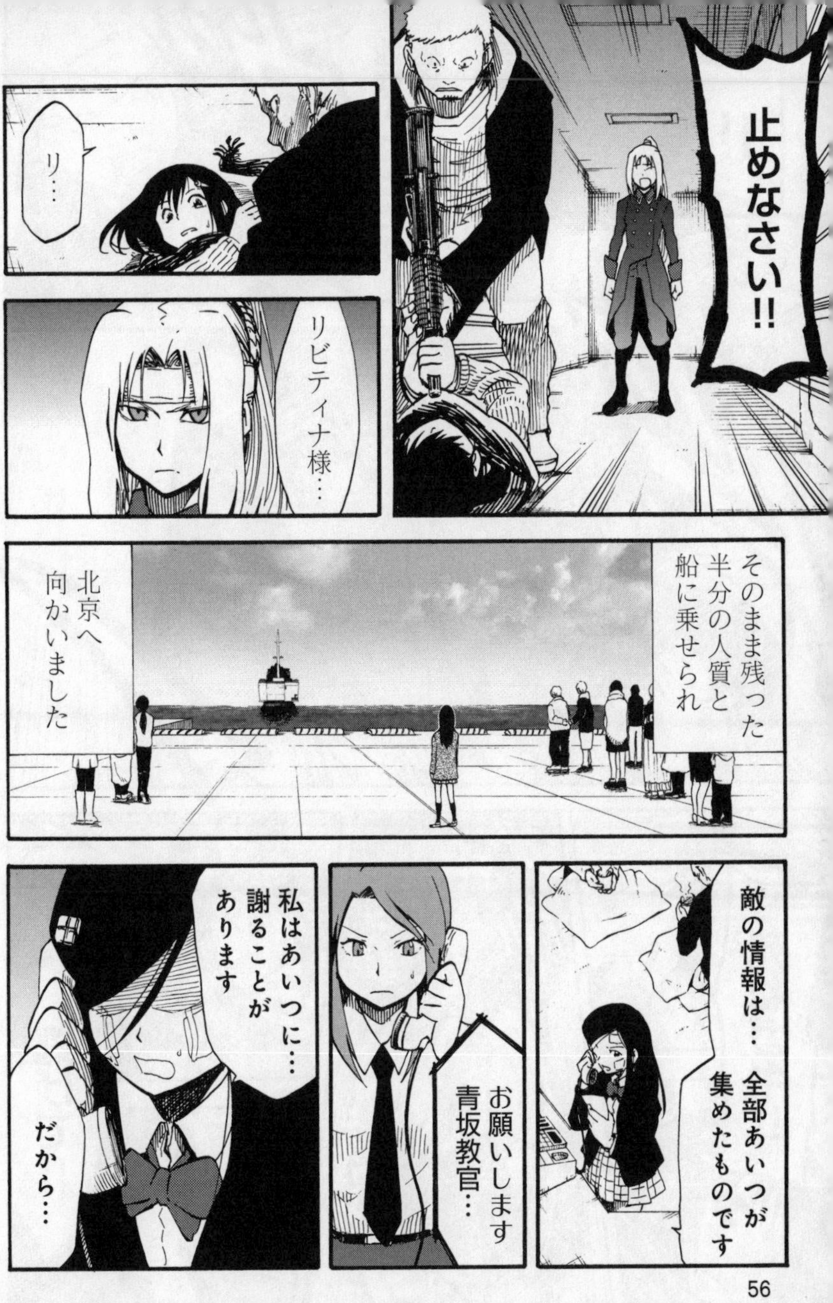
止めなさい!!
リ…
リビティナ様…
そのまま残った
半分の人質と
船に乗せられ
北京へ
向かいました
敵の情報は…
全部あいつが
集めたものです
お願いします
青坂教官…
私はあいつに…
謝ることが
あります
だから…

三影弥月を
助けてください
フェリーは日本海を南下
札幌襲撃の敵カタフラクト侵攻コースと一致します
位置と目的が判明したところで同じことだ
防衛に全力を傾けることに変更は無い！
しかし…！
くどいぞ！尉官ごときが口を挟むつもりか
……
…お聞きしますが
札幌の軍が全滅した原因は何でしょうか

何が言いたい
世界同時攻撃を確認した時点で防衛網を展開すべきだったのです
三影中佐の進言通りに
結果論だ
敵を司令部まで接近させざるを得なかった
避難 防衛 攻撃 全てが後手に回った結果です
スパイと共に退いた敵機は強力無比
叩くなら中破している今をおいて他にありません
今後後手に回れば北日本中の戦力が全滅します
何より人質となっている21人の民間人!
守るべき人命を見捨てる軍に価値などありません!!

若造か
貴様は
分からんのか
価値には順位がある
人質21名と
北海道内全ての
民間人
どちらを
優先すべきか！
その通り
優先すべきは
全道の民間人の
安全だ
だからこそ
局面によっては
ロシア――
ノヴォスタリスク
連合本部までの
避難ルートを確保
する必要がある
少将…
ユーラシア大陸東方は
揚陸城の複数降下が
確認されている
ルートは出来るだけ
多く確保したい
ハインケル
大佐

中国方面の威力偵察を命じる
作戦行動中脅・威・が・あ・れ・ば・こ・れ・を・排・除・し・
民・間・人・が・危・機・的・状・況・にあ・れ・ば・こ・れ・を・救・助・せ・よ・
・・・・・・・・・！
ピッ
了解しました！
ハインケル
真っ直ぐなのもいいが今は有事だ
お前はもう少しだけ不良になってもいい
例えば三影のようにな

ぴしっ
…了解
クスッ
ん?
あ いいえ
失礼しました
…大佐
ありがとうございます
…もう返してもらうことも出来んが
ガッ
三影には貸しが多すぎてな
今更増えたところでどうということはない
北京!?

オレも一緒に
駄目よ
あなたの乗艦は禁止されている
今度こそ何があるか分からないもの
何でだよ オレだって戦える!
人手不足なんだろ!?
予備役前の中学生を
本来作戦に組み込むことは軍規違反なのよ
私は三影中佐に後を任せると命令された
あなたにもう無茶はさせない
名は体を表すというけれど
陽弥くん
奥さんを早くに亡くした中佐にとって息子のあなたは文字通りの太陽だったのよ
中佐が命を懸けて守った光
自分から消えてはいけない
大人しくここで報告を待っていなさい

ザァ…
強襲揚陸艦「うながみ」
石狩湾港———
ズシン
ズシン
タタッ
青坂中尉！
グイーーン
ガション
所属不明のカタフラクトが！
何ですって？

ズン
!
シュウウウ……
KG-16?
……まさか……
ガシュッ
ザッ

ビュゥ…
陽弥君…！
また学校から…！
いや それより…
どういうつもり！駄目だと言ったでしょう！
…分かるぜ氷柱さん
オレだって氷柱さんの立場なら止めてるよ
だけど…オレが太陽だってならオレにとっての光は
弥月なんだ
それでも止めるってなら教えてくれよ氷柱さん

妹を一度も助けられなくて
何が兄貴だってんだ!!
……!!
予備役は高校生からだ
軍規上君を招集する訳にはいかん
…だが
有力な情報提供者となれば話は別だ

そして
火星カタフラクトの
特徴を直感で
見抜き
一時でも
渡り合えたのは
君だけだ
軍法と軍規を
遵守し命令に
従うならば
受け入れよう
来い
三影の息子
アステロイド小隊に
空きがある
お前の
父親の
隊だ

三影陽弥！
現時点をもって貴艦に着任します!!
大佐…！
あの三影の子だ止めても乗り込んでくる
それに
少し不良になれとの命令も受けた
…私は反対です

大丈夫だよ
氷柱さん
オレも親父に
命令を受けてる
しっかり大人になれってな
つまり
まだまだ
死にゃしねぇ
は―…
ぺしっ
青坂中尉って
呼びなさい
三影二等兵!
うえっ…
返事!
…っ了解!

北京／00:48
Beijing, CHN／0048CST
撃て撃て！こちらは上を取っている!!
オリンポスの砂嵐には抗うなかれ
ぞわん
!!うっ

うぅおぉあぁああ
大きな流れに逆らうことは身の破滅をもたらすという教訓だ
あああぁあ
くそッ…くたばれ化物ォオオ!!

飛ん……
速……
それでも尚恭順を拒むというのならば

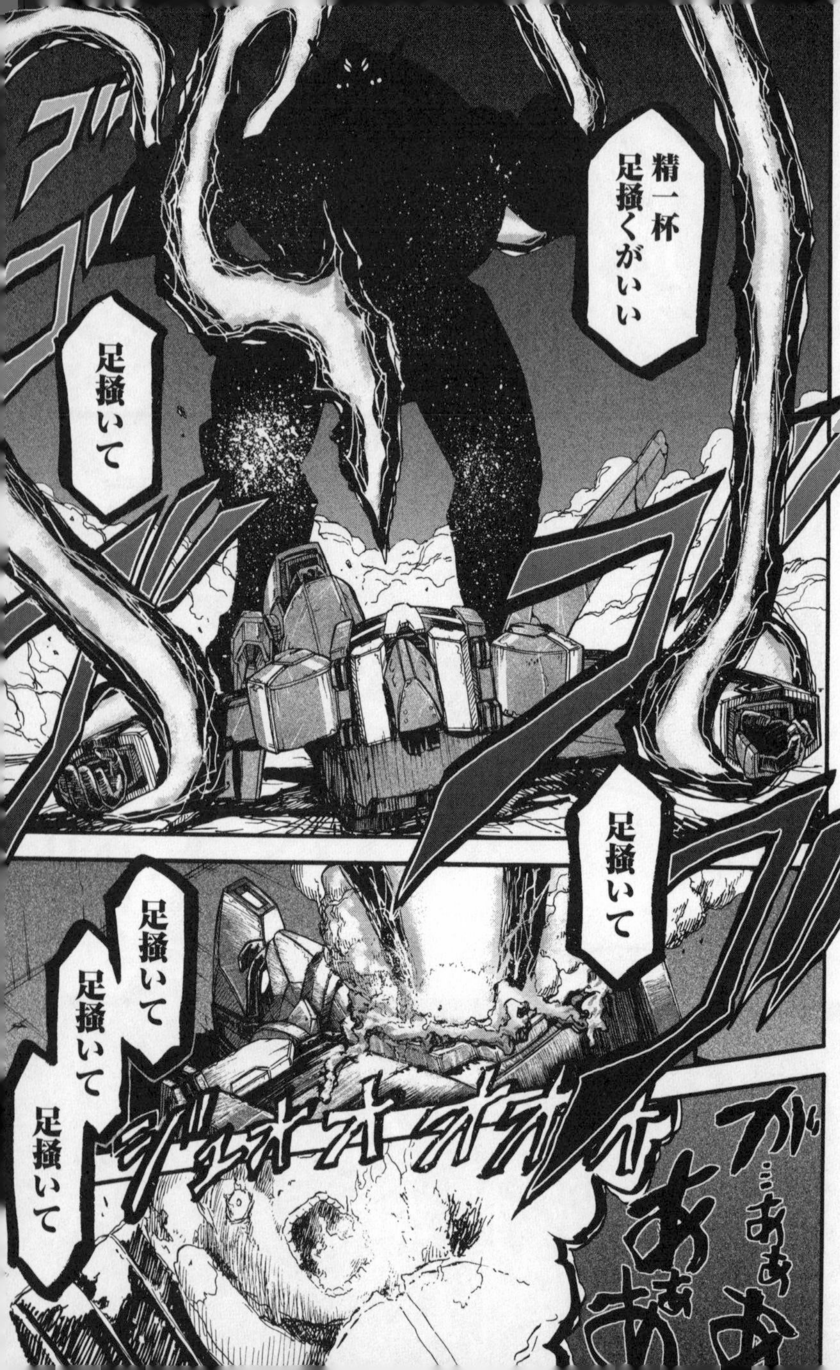
精一杯
足掻くがいい
足掻いて
足掻いて
足掻いて
足掻いて
足掻いて

09

EPISODE.09 / SUBTITLE

“抗う者達”

—Way of Life to show—

A–Z

ALDNOAH.ZERO《アルドノア・ゼロ》外伝

LET JUSTICE BE DONE, THOUGH THE HEAVENS FALL.

TWIN GEMINI

LOST
ピー

ザァアア…
無人偵察機ロスト
極小範囲のEMP発生を確認
火星カタフラクト「アキダリア」
やはり生きているか
一般の船舶上でEMPを使用したことから放射を相当細かくコントロールできるものと思われます
かなり厄介ですね
電磁波遮断シールド強化の進捗は？
戦闘可能にまでだと最低二日は
何分設備不足ですので

海上での作戦行動は厳しいか…
敵の上陸に合わせざるを得んな
槍の解析は
大まかな機能は把握しました
刺突されたカタフラクト強制操作のカラクリは
クーロン力によるものです
槍から発生する協力な電磁力と対象を黒く覆う化合金属粉が関節部を調整し稼働させているのです
EMPで電子機器がイカれようが 磁石にして無理矢理動かすから関係ないって感じですか
頭パンクしそー
確かにエライ磁力だった
脱出モジュールが回転したのは参ったな
刺突実験の結果ですが——

磁力の発生 金属粉の発現はしたものの範囲は限定的
また刺突直後から行われていたと思われる対象物の解析と本体…アキダリアへの情報送信行動は確認出来ませんでした
体調不良か？陽弥君
…大丈夫っすヴァーノン軍曹
しかし先程のEMPに反応し一瞬特殊な力場が発生…
それは三影二等兵が
敵機ドリルの防御時に発生したものと同等と思われます
これらのことから槍自体の機能は生きているものの──
それをコントロールする敵操作系は破壊されているものと推察されます

病み上がりでの戦闘痛み入ります
リビティナ様
これで追尾している連合艦への牽制となったでしょう
揚陸城への通信可能範囲に入るまでは救援が呼べず
今しばらく不快な帰路になるとは存じますがどうかご理解ください
アキダリアの調整を再開致します
お休みください
調整は自分でするわ

私は
あなたを
信用
していない
………………!!
ピッ
ピッ
ピッ
ヴーン
ピッ
ENTER
チー……
ヴォン
何…これ———……

ご飯と
ひじきって…
どういうつもり
なんだろ…
まぁ
人質だし
ぜいたくな
方なのかな…
…大事なのは…
体力と精神力を
落とさないこと
ストレスは
なるべく少なく
心配してる
かな…
ごめん陽弥…
…見習って
テンション上げて
ぎゅっ
ぎゅっ!!
楽しく
おにぎり
タイム!!

ばーん
できました!!
ガチャッ
…………
チャッ
来なさい
三影弥月
ザァ…
ピッ
ピッ

…コクピットになんて乗せて 何かあったらって思わないの？
せまいんだけど…
ピッ
心配せずとも妙な行動を取れば撃つわよ
それにアルドノアドライブを持つカタフラクトは起動因子を与えられた者にしか動かせない
…これは？
リベルティナが使っていたソルジャージャベリンのアナリティカルシステム
刺突した対象の操作補助・情報演算情報送受信を行う
これはそのバックアップデータ
ピッ
ピッ
ピッ

あなたが一度目にガレキの下敷きになりそうだったこの時点ではリベルティナはジョヴァンニの存在に気付いていない
婚約者が敵軍として戦場にいるなど完全に予想外だもの
けれどあなたは
この男と接触があったはず
教えなさいどんな事でもいい
ジョヴァンニの地球での姿を！
……父さんの部下で中学の教練教官だったことくらいしか知らないよ
印象は？
丁寧な物腰…いざって時は口が悪くなるけど頼りになるって感じかな…
……
私達の襲撃を察知してからの言動は？
戦闘を避けようとはしてたかも
でも止められず強硬手段に出たんだと…

そこが引っかかるのよ
？
確かに一見爆薬の積まれたアレイオンから私達を助けるための行動と取れる
けれどジョヴァンニの出現はリベルティナを動揺させ限界を早め…
リベルティナは爆発前に一度死んだ
限界…？
一度死んだって……
どういうこと？

それは軍事機密にもあたること
教える義理もメリットも無い
しかしリビティナは
話さずにおれなかった
リベルティナの信念
攻撃と救命
相反する行為を脳神経を破壊されながらも押し通した
常軌を逸した能力と意地
私達が今戦うべき真の敵は――
ケテラテッセ伯爵です!!
!?

そして訪れた
臨界点
バックアップを見て初めて気付いたわ
この時点でリベルティナは失神ではなく――
脳神経への負担が限界を超え
その生命活動を停止していた…
…死んでたってこと？でも
私はこの後…
そう…統制が無くなりジャベリンから構わず流れ込む莫大な情報
断裂し死にゆく脳神経はその中から人命の危機を察知し

その情報が脳神経を再び結合させた…
!

ザ――……
死の淵からまでも意地を貫き
けれど結局は無駄に死んでいった
愚かな妹よ
…何で
血の涙を流してまでどうして…!
だったら最初から街なんて襲わなきゃいい…!
言ったでしょう戦争だからよ

あなた達に家族がいるように私達にも家族がいる
守る為には選択しなくてはならない
即ち相手を殲滅し脅威を取り除くこと
けれどリベルティナは両者を救う道を選択した
それが罠の入口とも知らずに
…罠…？
ソルジャージャベリンの使用は操縦者の脳神経に過度の負担をかけるため
アナリティカルシステムには負荷を軽減するリミッターが設定されている
しかしその設定はいつの間にか解除されており
さらにそれを隠すようプログラムがいじられていた
そんなことが出来るのはただ一人

ケテラテッセ伯爵がリベルティナの戦死を工作し
そしてジョヴァンニがその引き金を引いた——
許しはしない
必ず真実を暴き出す
ザァアァア...

クラッ
何で連れ出して来たの？
ジョヴァンニの話を聞くだけなら部屋でよかったのに
…詳細を聞くには資料が多い方がいいというだけよ
大した成果は無かったけれど
あとは…気まぐれね
気まぐれ？
そう船室ばかりでは息が詰まるでしょう？
ザァ…
悪いとは思ってるのよ
年端のいかないあなたを人質にしていること自体はね
……僅かな罪悪感てこと？
…勝手だよ

あなた達にどんな事情があろうが
妹がどう戦ったか知ろうが
私のお父さんが帰って来るわけじゃない
……
そうね
私はあなたを許さない…!
…そう
気まぐれだ
こんな

ガチャッ
!?
吐き気がする程
身勝手な思いは
意地と誇りに
心中していった
リベルティナ
私の戦いの
責任を取るように
弥月を助けた
二度と会えない
私の妹の顔を

ただあなたに知って欲しかったなどと——
ドクン
ドクン
ドクン
ドクン
ドクンッ

ドクンッ
はあっ
はあっ
はあっ…！
またですか母様
侍女が立場が無いと嘆いておりましたよ

またとは何ですリビティナ
食事に侍女も主もありません
それにね
試行錯誤こそが道を切り開くのですよ
私も手伝ったのよ
ぴょこ
姉様！
邪魔ではなくて？
むー
どういう意味ですか
ほらフェリクス様
ううむ
ほらほらジョヴァンニも！
えっ
新しく開発した土壌から作った比較的成功に近い穀物素材です
合成材の割合は以前よりも20%低いわ

ええと…
母様これは…
調味料で誤魔化ししぎでは…
食感は悪くないぞ
父様はそればかりじゃない
実用化にはまだ遠いかしら
うーん
でもこちらは優しい味ですよ
召し上がってみてください
リビティナ姉様

ザァアアアアア…
くらっ
!
…すぐ立たない方がいいよ 貧血みたいだから
何も食べてなかったんじゃないの？
弥月…なぜ…
ゴッ
…おにぎり食べる？
リビティナ

…は？
丁度鉄分豊富な ひじきおにぎりだから
毒とか入って ないよ
あなた達が私を 毒殺しようと してなきゃだけど
…いや そうじゃなくて…
何で…
殺そうと 思えば 出来たはず…
リビティナを殺せば 仲間に私も殺される でしょ
ジョヴァンニとの 交渉も考えたけど 分が悪いし…
海の上じゃ 逃げられないし
莫迦ね…
敵討ちの 機会を 失ったのよ
…そうだね
カタフラクトは 脅威だし 撃とうとも 思ったよ

でも私は…
あなたの表情《かお》を
知っていたから…
ぱく

ひじきって…植物？
ザァ…
海藻だよ海でも取れる
そう…
美しい海…
本当にどこまでも広がってるのね…
ぱく
…お塩無かったからおにぎりとしては薄味かな
もぐもぐ
…いいえ

優しい味だわ…
ミャア
バサッ
ミャア
ミャア

10

EPISODE.10 / SUBTITLE

“重なる影達”

—Shadow of Pastdays—

ALDNOAH.ZERO《アルドノア・ゼロ》外伝

LET JUSTICE BE DONE, THOUGH THE HEAVENS FALL.

TWIN GEMINI

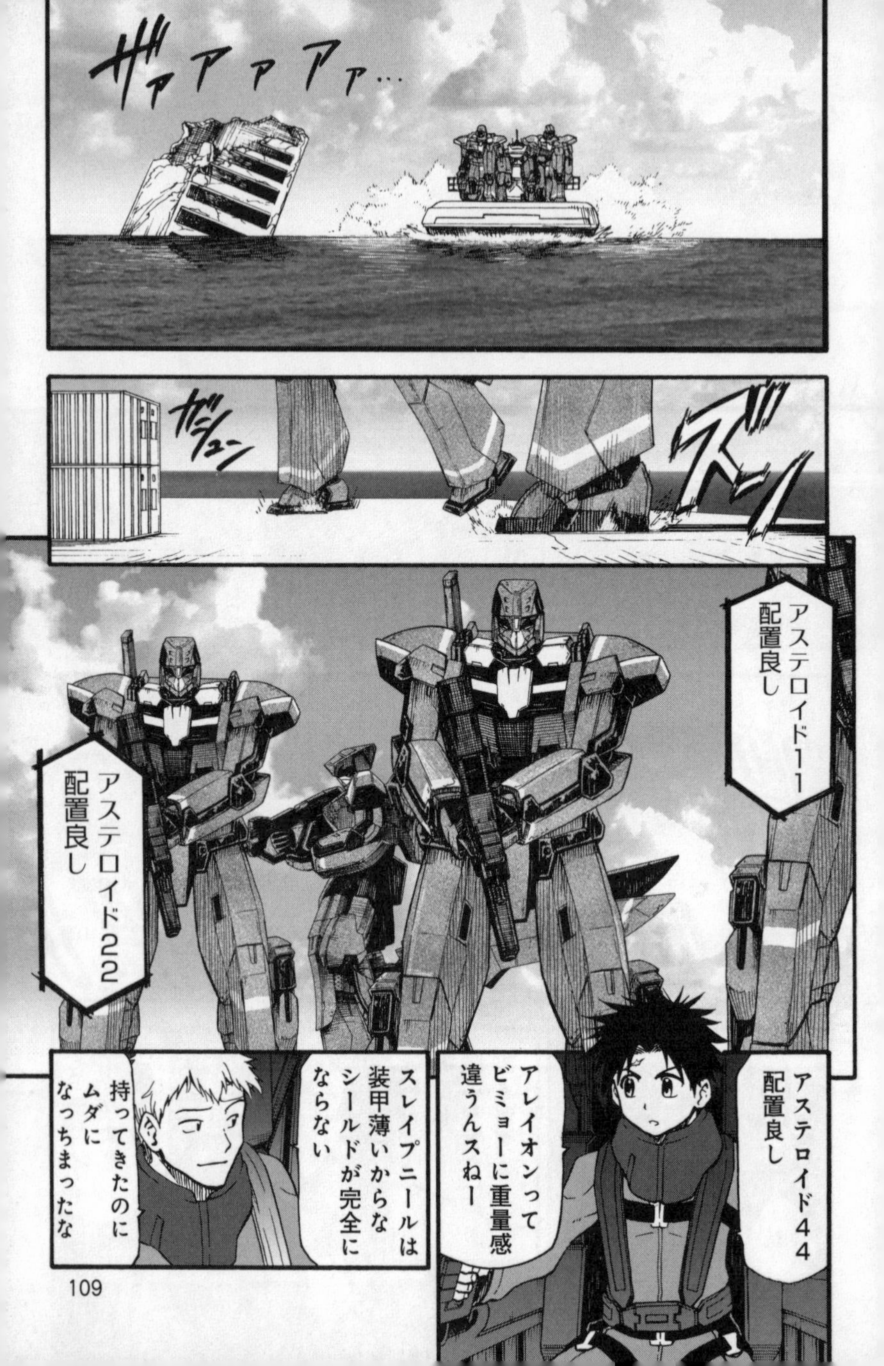
ザァアァアァ…
ズン
ガシュン
アステロイド11配置良し
アステロイド22配置良し
アステロイド44配置良し
アレイオンってビミョーに重量感違うんスねー
スレイプニールは装甲薄いからなシールドが完全にならない
持ってきたのにムダになっちまったな

中国／天津港
Tianjin, China
ドドドドドドドドド
アステロイドリーダより小隊各機
私語は慎みなさい動きがある
!

無事か　弥月！
……！
陽弥……!!

!!
フェルゼン!!
てめえ
また…!!
要求通り
揚陸艦のみでの
上陸ありがとう
ございます
こちらも
迎えを呼べた以上
人質は必要
ありませんので——

勿論 解放しますよ
ただし
ガッ
三影弥月 以外は ですが
な……

何をしているのジョヴァンニ！
人質はもう…
1名揚陸城まで連行せよとの…
ケテラテッセ伯爵よりの命にございます
な……!?
ドドドドドドドドド
弥月!!
待ちなさいフェルゼン!!
もう暫く借りさせていただきます
追って来ますか？
揚陸城と火星カタフラクト2体を相手取れるならば構いませんよ

弥月!!
陽弥!!
弥月——ッ!!!

ザァアァアァ
敵輸送機は艦載機に追跡させている
まずは解放された人質の確認と収容が先よ!
でも…!
どの道カットじゃ追いつきようが無いわ
聞き分けなさいアステロイド44!!
………ッ!!
まずは――

想定内の事とはいえ
やはり火星人
約束のやの字も知らぬ
犯罪者集団という
ことですね
……
緊急入電！
中国北京
支部隊です！
何!?
北京支部は全滅した
のではなかったか!?
こちら
北京支部
ペルシュロン大隊
黎国良《リーゲオリャン》大佐だ
貴艦の行動理由を
お聞かせ願いたい

こちら日本支部
強襲揚陸艦艦長
ラルフ・ハインケル大佐だ
合同演習ぶりだな
黎国良《リーゲオリャン》
ラルフ…
ラルフ・ハインケルか!!
ゴォォォォォォォ
後方から二機が追尾
攻撃許可を
じきに揚陸城です
どうせ奴らは近づけません
放置して結構
はっ
ゴォン
ゴォン
ゴォン
ゴォン
さて…
サッ

心の準備は
いいですか？
三影弥月
…フェルゼン教官…
いや
ジョヴァンニ…
あなたは一体…!?
もう
間もなくです
……!
あれが…
ブオオン

火星…
揚陸城……

ザッ
ザッ
カッ
遠路お疲れ様でございました
リビティナ様
大儀であった
リビティナ卿
あの人が
札幌を襲わせた元凶…
ケテラテッセ伯爵…!?

案じていたぞ
我が未来の妻よ
…は？
え!?
妻…!?
恥ずかしながら戦果を上げられず戻って参りました
面目次第もございません
良い
生還したのが戦果である
仕方無くとはいえ妻を戦地に送り込み心を痛めておったのだ
リベルティナ卿は残念だった

爆死とは惨いことだ
勇敢な戦士の冥福を祈ろう
アナリティカルシステム神経接続リミッターの
秘匿解除…
直接の死因は確かに爆発ですが
解除がなければまたはそれに気付いていれば
そもそも敵機の自爆など許してはいません
リミッター解除の痕跡を隠しプログラムを改竄するなど通常は不可能
アキダリアの再開発に関わり高いシステム権限を有する…
ユラ…
あなた以外にはです
ケテラテッセ伯爵

そんなことをして私に何の得があるのだ？
しかし仮にそうだとしても…
リベルティナ卿の運命は変わらなかっただろう
彼女の思想ならば人名を慮るが故自らを犠牲にするのも順当だ
その思想を理解していることこそが
動かぬ証です伯爵
では止めざるを得んな？
そなたの母クロアキナの治療は

快方に向かって いるとはいえ
今 治療を 中断すれば どうなるか…
親を……
人質に……!?
反旗でも翻して みるかね？
それも 良かろう
母の命か
妹の復讐か
確かに 迷う選択だ

それが…
火星騎士のやり方なの…!?
親を…家族を人質に取って
戦場に子供を送るのが…?
少なくともリビティナ達はそんなことしなかった…!
弥月…
陳腐な台詞だ
劣等人種
が
面白いな
貴様らの街を襲い増悪の対象であるリビティナ卿の肩を持つか

それでこそ
連行した
甲斐があると
いうもの
!?
ヴン
閣下
地球連合軍残存部隊の
集結を確認しました
リビティナ様を追跡していた
揚陸艦も加わっているようです
陽弥達が
……!?
奴らにとっては
最終決戦という訳だ
良かろう
丁重に迎えよう

喰らい切った暁には
北海道を皮切りに日本へ進軍する
クルーテオは配下を二人失い力を落としている
地球人と区別なく共に撃滅し領地を我がものとしてくれよう
!!?
さあ リビティナ卿

その娘を殺してみせろ
母のため改めて恭順を誓うならば
忠誠の証を示せ
な……
貴様に街を破壊され
ドュ
父も奪われ
ドュ

貴様の為に怒った地球人を
貴様の手で撃ち殺せ
ドッ
ドッ
ドッ
さも無くば本日が
クロアキナの命日となる
ドッ
ドッ
ドッ
ドッ

悪いわね 弥月
悔いるなら
船で私を殺さなかった 自分を悔いなさい
……
そうだね
それでも私は
家族を失くした 傷口に弾丸を 撃ち込まなかった ことに
後悔は無い

人は
理不尽を前に屈しても
命を絶たれるべきでは決して無いのよ
ゴトッ

撃てる…
はっ
はっ
はずがない
それは
リベルティナを二度殺すということだ
……熟《つくづ》く脆いな
貴様は

弥月!!
ガシャン
捕えろ
ジョヴァンニ
何をしてるの!!
伯爵
あなたはこのために
弥月を――
愚かだな
フェリクスの娘よ
貴様ら一族は
常にそうだ
目前の信念
目前の命
近しいものに
捉われ
大局が見えぬ
故にその身を
滅ぼすのだ

冷たくなってゆく少女を前に
自分の無力を呪うがいい
一つ教えておいてやろう
ドク
ドク
医療ポッドの費用というのもバカにならなくてな
貴様らが出撃した時点で
クロアキナは始末してある
Confirmed death

今頃は偉大なるヴァースの土に眠る栄誉を授かっているだろう
ケテラテッセ
貴様ああああああ!!!
ガタァァァン

ドッ
ドッ
ドッ
母様が…
死んだ…？
ドッ
じゃあ
私が…
私達がしてきたことは…
ドッ

…っ
いたた…
折れてないけど
アザになったかな…
ああ
怖かった…
…弥月……
どうして…!
…防弾ベストに
輸血用
パック…?
傷の
出血じゃ……
揚陸城に向かう
途中 ジョヴァンニに
着せられたの
ジョヴァンニが…!?

味方かは分からないけど…
私を生かすことにあの人なりの意味があるのかも
今も…
何か考えがあって動いてるんだと思う
リビティナ

教えて
私の知らないところで冗談のように変わっていく
こんなことになった原因を私は知る権利があるはず
出来ることは　せめて
あなた達に昔何があったの？

それが世界の流れに抗う第一歩だ
フォオオオオ

オオオ
北京航空
さぁ塵ども
絶滅の日だ

始まりは父の代
15年前……

11

EPISODE.11 / SUBTITLE

“選択と鎖縛”

—Alive and LIE and Zero hour—

To be continued.....

special thanks

アシスタント

千葉　加奈子さん

鈴木　由美さん

南部　佳菜さん

嫁さん

ハルマリオンさん

担当

Y/K氏

読んで下さった皆様!!

本書は原作に基づいて新たに描き下ろした
スピンオフ作品として刊行しております。

KIRARA MENU 1091

ALDNOAH.ZERO 外伝 TWIN GEMINI 第3巻

2015年7月28日　第1刷発行

著者　原案――Olympus Knights
漫画――佐竹清順

発行者――東 敬彰
発行所――株式会社 芳文社
〒112-8580
東京都文京区後楽1-2-12
電話――03-3815-1521（代表）
振替――00110-8-174056

装丁――有馬トモユキ（日本デザインセンター）
印刷所――凸版印刷株式会社
製本所――株式会社三森製本所

Printed in Japan 2015

ISBN978-4-8322-4591-4

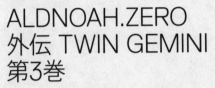